Peter Helbich, Wilhelm Horkel

Der Engel auf der Einkaufstasche

Peter Helbich, Wilhelm Horkel

Der Engel auf der Einkaufstasche

Was himmlische Boten uns erzählen

LVH

Zu den Autoren:

Peter Helbich, geb. 1937, Pfarrer und Buchautor,
zahlreiche Veröffentlichungen.

Wilhelm Horkel, geb. 1909 in Augsburg, Pfarrer i.R.,
Autor zahlreicher Bücher, Gedichte und Essays.

Alle Abbildungen stammen aus der Sammlung von Renate und Hans Jürgen Rau,
64354 Reinheim/Ueberau, Wilhelm-Leuschner-Str. 36.

Die Deutsche Bibliothek - CIP-Einheitsaufnahme
Helbich, Peter:
Der Engel auf der Einkaufstasche : was himmlische Boten uns erzählen /
Peter Helbich ; Wilhelm Horkel. - Hannover : Luth. Verl.-Haus, 2002
ISBN 3-7859-0871-7

Umschlaggestaltung: DRAG 'N DROP, Hannover
Satz und Lithographie: AALEXX – Das Buch Druck Haus, Großburgwedel
Typographie: Garamond
Fotos: Prof. Hans Jürgen Rau, 64354 Reinheim/Ueberau
Druck und Bindearbeiten: AALEXX – Das Buch Druck Haus, Großburgwedel

Printed in Germany

Der Engel auf der Einkaufstasche

Engel sind wieder in, wie man heute so sagt. Sie waren eigentlich nie ganz verschwunden. Doch gab es Zeiten, da waren sie nicht willkommen, denn die aufgeklärten Menschen hatten die Ansicht, Engel seien einer frommen Phantasie entsprungen. Einmal hat man sie zu „Jahresendfiguren mit Flügeln" degradiert. Das hat die Engel allerdings nicht gestört. Wie es so ihre vornehme Art ist, haben sie sich diskret zurückgezogen und nur dort geholfen, wo sie benötigt wurden. Heute ist das alles wieder ganz anders. Überall werden sie eingesetzt: In der Werbung und auf Postern. Vielfältige Arten von Engelsdarstellungen zieren die Wände und Fenster nicht nur der Erwachsenen, sondern auch der Kinder und Jugendlichen. Man fühlt sich offensichtlich ohne Engel nicht wohl.

Den Engel auf der Einkaufstasche, der auch auf dem Umschlag dieses Buches abgebildet ist, haben wir in der Sammlung von Renate und Hans Jürgen Rau gefunden. Die Tasche gehörte dazu, wie die vielen anderen ganz unterschiedlichen Darstellungen von Engeln, die in diesem Buch abgebildet sind. Eine umfangreiche und wertvolle Sammlung zahlreicher zeitgenössischer biblischer Motive aus über 80 Ländern haben sie zusammengetragen. So ist u. a. auch eine der größten Krippensammlungen entstanden.

Vielleicht sollte der Engel beim Weihnachtseinkauf beraten. Ob ihm das immer gelungen ist? Bei der vorweihnachtlichen Kaufhektik wird ihm das nicht immer ganz leicht gefallen sein. Wie dem auch sei: Der Engel ist wieder zu einem vertrauten und willkommenen Begleiter geworden. Wir nehmen ihn gern mit auf den Weg.

Durch die Jahrtausende und in allen Völkern und Kulturkreisen spielte der Engel, in welcher Form auch immer, eine wichtige Rolle. Nicht zuletzt ist die Bibel voll von Bildern und Erzählungen von der Existenz und der Wirkung der Engel. Die Engel haben bei uns zur Weihnachtszeit eine sehr volkstümliche Aufgabe. Genauso wichtig allerdings ist das Erscheinen der Engel zu Ostern und am Ende der Zeit. Auch haben wir inzwischen festgestellt, dass die Engel uns ein ganzes Jahr und hoffentlich auch ein ganzes Leben begleiten.

Das ist auch die Absicht dieses Buches. Die Botschaft des Engels auf dem Hirtenfeld bei Bethlehem klingt weiter in den Segenswünschen, die uns die Engel im Auftrag Gottes bringen wollen. Meist haben die Engel Flügel, die auf den Himmel verweisen. Manchmal tragen sie ein buntes Gewand mit den Farben der Blumen und Zeiten der Erde. Wie wir sie uns auch immer vorstellen, es gibt sie, die Engel. Und vor allem wollen sie uns den Segen des Himmels bringen.

Der gefundene Engel

Woher kommen die Engel?

Die Frage, woher die Engel kommen, lässt sich weder zeitlich noch räumlich hinreichend datieren. Vielen von uns ist die Gestalt des Engels aus den biblischen Texten vertraut. Mehr als dreihundert Stellen verweisen auf Engel. Dort wird aber über Sein oder Nichtsein nie diskutiert, ihre verborgene oder offenbare Wirklichkeit wird bestätigt und bezeugt, aber nie bezweifelt.

Wir müssen vielmehr den Blick auf jene uralten Zeitalter der Menschheitsgeschichte lenken, denen die fromme Begriffswelt der Bibel und ihrer eigenen Engelsvorstellung unbekannt war. In jenen Zeiten lebte doch ein Glaube an Gott als Schöpfer, eine Urahnung von einem Geistwesen. Schon die vorchristlichen Religionen schufen Geister, Dämonen und auch Engel. Das Leben der Menschen inmitten des Weltalls drängte geradezu nach Gestaltwerdung. Sollte Gott angesichts von achtzehn Milliarden Lichtjahren und hundert Milliarden Sternensystemen ureinsam existieren? Sollte es nicht zwischen ihm und uns Menschen, der „Krone der Schöpfung“, vermittelnde Gestalten als Geistwesen außer- oder überirdisch geben? Sichtbar oder unsichtbar?

Aus solchen Fragen der vorchristlichen Menschheit entwickelte sich die Kontur des Engels als eines lebendigen Vermittlers zwischen Gott und den Menschen, jedoch in fragwürdigen Annäherungen an das alt- und neutestamentliche Begriffsinventar. Aus der Sicht der Bibel wurde aus solchen Ahnungen die klare, leuchtende

Paradiesszene mit Gott/Vater und zwei Engeln mit einem Korb Äpfel

Gestalt des Engels, geradezu ein Bürge des unfassbaren und doch immer wirkenden Gottes. Im Engel nähert sich Gott uns Menschen, die auf ihn hören und ihn sehen wollen als einen, der aus dem schweigenden Urgrund des Weltalls heraustritt, um in unsere menschliche und irdische Welt zu kommen. Gott durchbricht im Engel seine Ferne, seine Unnahbarkeit und sein Schweigen. Er kommt zur Sprache, eben zu unserer Sprache. Er, der Engel, hilft den Menschen aus ihrer unstillbaren Sehnsucht nach Sinnfindung des Lebens.

Höhepunkt solcher Engelswirklichkeit ist die Szene, in der Engel Zeugen der Auferstehung Jesu Christi wurden: „Und siehe, es geschah ein großes Erdbeben. Ein Engel des Herrn kam vom Himmel herab, trat hinzu und wälzte den Stein ab und setzte sich darauf. Und sein Erscheinen war wie der Blitz und weiß wie Schnee..." (Matthäus 28,2). Es folgt die Botschaft des Engels, er „hob an und sprach zu den Frauen: Fürchtet euch nicht!... Er ist auferstanden, wie er gesagt hat." Bei seiner Gefangennahme hat sich Christus noch zur Gegenwart der Engelmächte bekannt: „...Meinst du nicht, dass ich nicht könnte meinen Vater bitten, dass er mir zuschicke alsbald mehr als zwölf Legionen Engel?"

Der Engel der Bibel wirkt immer auf den einzelnen Menschen ein. Nie aber ist er zu einer poetischen Idylle geeignet. Es ist um das Mysterium der Menschwerdung Jesu Christi in Bethlehem viel lyrische Schaumschlägerei entstanden. Gewiss gutgemeinte fromme Absicht, die aber der rauen und unbarmherzigen Wirklichkeit nicht gerecht werden kann. Der Engel des Neuen Testaments ist immer ein von Gott gesandter Bote, zumeist in männlicher Gestalt. Erst die Kunst späterer Jahrhunderte hat den Engel verweichlicht und sogar zur puppenhaften „Putte“ entstellt.

In jüngster Zeit entstanden viele Musicals, die dem Engel ein ganz unerwartetes Existenzrecht einräumen. Nicht nur der alte Ruf „Halleluja“ wird dabei immer wieder travestiert und die Umwelt des Engels böse pervertiert. Wozu ist das gut? Der Engel des Musicals lebt in einer gewollten text- und musikverfremdeten fragwürdigen Gestalt, meilenweit entfernt von dem Engel der Propheten und Apostel!

Dagegen ist festzuhalten: die großen Theologen, frommen Sänger und Dichter des evangelischen Gesangbuches haben die biblische Darstellung der Engel immer wort- und sachgerecht tradiert. Martin Luther war lebenslang ein Verehrer der Engel. In seinem Morgen- und Abendgebet bekräftigt er die ständige Gegenwart und Hilfe zur Bewährung im täglichen Leben: „Dein heiliger Engel sei mit mir, dass der böse Feind keine Macht an mir finde!“ In dem Erzengel Michael sah Luther den alten Drachenüberwinder, den Kämpfer gegen die Mächte der Finsternis.

Für Luther war der Engel immer der „Schutzengel“. Als solcher ist er in der katholischen Volksfrömmigkeit mehr lebendig geblieben als in der evangelischen. Bei der liebenswürdigen Gestalt des Engels spielen weder Hautfarbe noch Nationalität, weder

Erzengel Michael, Vertreibung aus dem Paradies

Bildungsgrad noch Religionszugehörigkeit eine wesentliche Rolle. Auch orthodoxe Juden und schiitische Muslime bekennen sich zum Schutzengel.

Ein besonders eindrückliches Zeugnis zugunsten des Schutzengels hat der Theologe Romano Guardini hinterlassen: „Des Menschen eigenstes Wesen schützt dieser Engel in den Verhüllungen, Wirrnissen, Gewaltsamkeiten des Lebens nicht nur bei Gefahren, die von außen, sondern auch gegen jene, die aus dem Menschen selbst kommen: seine Unbotmäßigkeit, seine Unredlichkeit, Trägheit und Unmaß. Er tut es in der Stimme des Gewissens, in den Warnungen des Herzens, im Wort der Freunde. In alledem spricht seine Stimme mit". Kürzer und schlichter sagt es Luther: „Wir danken Gott, dass er die Engel uns zugut geschaffen hat."

Der Engel der Maria

Der Engel hat einen Namen: Gabriel, zu deutsch: Gott ist meine Kraft. So bevollmächtigt kündete er die Leibwerdung Jesu an. Ob er wohl wusste, dass Maria mit dem Davidsspross Joseph verlobt war, der in Nazareth wohnte?

Und dass damals nach jüdischem Recht eine Verlobung bereits die spätere Heirat begründete? Der Gottesbote spricht aus, was hinter dem werdenden Jesusknaben einmal, nur einmal wirksam wurde: die geheimnisvolle Schöpferkraft Gottes. Gabriel sprach es so aus, dass das göttliche Geheimnis voll gewahrt blieb. Hildegard von Bingen hat das verstanden: „Im Wort des Engels Gabriel kam die uns umarmende Mutterliebe Gottes zu uns hernieder“.

Maria willigt ein und spricht: „Mein Herr und mein Gott!“

Damit ist alles gesagt. Die „Theologie“ der Weihnachtsbilder sagt immer dasselbe aus: Maria sagt ihr demütiges Ja zu ihrem unvergleichlichen Schicksal, das sie wohl nur zögernd begreift. Ihr wird durch die Engelsweisungen klar, dass Gott in ihr und durch sie handeln will. Ihr schlichtes Bekenntnis lautet. „Siehe, ich bin des Herrn Magd; mir geschehe, wie du gesagt hast.“ Alles in allem Grund genug, um einen großen Lobgesang anzustimmen:

„Meine Seele erhebt den Herrn, und mein Geist freut sich Gottes, meines Heilandes!“ (Lukas 1,46ff)

Der schweigende Joseph

Im Umfeld der Weihnachtsgeschichte steht Joseph als ein Schweigender. Zu seinen Gunsten nehmen wir nicht an, dass sich hinter seinem Schweigen eine Mauer des Unglaubens, ein Nichts verbirgt. Sicherlich hat Joseph mit Maria und dem Jesuskind genauso zärtliche und hilfreiche Worte gefunden wie alle Väter je und je. Die Zweifler der biblischen Wahrheit haben allerdings gemeint, dass gerade der schweigende Joseph ein Indiz für die Ungeschichtlichkeit sei. Joseph, so behaupten sie, sei nur eine mythische Figur, eine „verdichtete Sage“, nur hineingeklebt in das übrige Personal

Engel an der Weihnachtskrippe

der Weihnachtserzählung, eine literarische Notlösung, um ein heiles Familienbild herbeizuzwingen.

Das Schweigen des Joseph dürfen wir verstehen als ein Stück seines Gehorsams, den er demütig geleistet hat. So kommt der stille Mann in seiner frommen Einfalt uns nahe. Wer je vor einer schweren Lebensentscheidung stand, kann ihn verstehen.

Doch wichtig bleibt für uns, dass Joseph mehrmals in seinen Träumen einer Engelsbotschaft gewürdigt wurde.

Im Schlaf erschien ihm ein Engel des Herrn im Traum und befahl ihm, Maria nicht heimlich zu verlassen, sondern zu sich zu nehmen. Und im Traum gebot der Engel des Herrn dem Joseph und sprach: „Steh auf, nimm das Kindlein und seine Mutter mit dir und flieh nach Ägypten!" Und Joseph stand inmitten der Nacht auf und machte sich auf den Weg nach Ägypten. Und in Ägypten erschien der Engel des Herrn dem Joseph im Traum und sprach zu ihm: „Steh auf, nimm das Kindlein und seine Mutter mit dir und zieh hin in das Land Israel!" Da stand er auf und nahm das Kindlein und seine Mutter mit sich und kam in das Land Israel" (Matthäus 1,18ff; 2,13 - 22).

Der Engel der Hirten

Die Hirten waren es, denen zuzuschreiben ist, dass die Weihnachtsgeschichte meist als ein friedliches Idyll gemalt, gezeichnet, in der frommen Dichtung, im Laienspiel und in der Musik dargestellt wurde. All das mag in den Künsten sein gutes Recht haben; aber übersehen wir nicht, dass die damalige Umwelt besonders für die Hirten denkbar nüchtern aussah. Der Beruf eines Hirten war im alten Israel nicht begehrt und nicht geachtet, die bürgerliche Ehrenstellung war ihm sogar verwehrt. Darum werden es auch nicht die Besten gewesen sein, die sich um den Hirtendienst bewarben.

Dazu kam, dass diese Männer immer bedroht waren von gefährlichen Räuberbanden, wilden Tieren, Unwetter, die sie schutzlos am Rande der Wüste überstehen mussten. Auch nachts mussten sie Wache halten bei ihren Herden. Es waren wohl ungelehrte Leute, die wenig von der Religion und Kultur jener Zeit mitbekommen hatten. Die großen Verheißungen der Propheten werden ihr Ohr kaum erreicht haben. Das tägliche Brot und das tägliche Geld werden wir uns denkbar bescheiden vorstellen müssen. Familienleben in aller Behaglichkeit und Sicherheit kannten sie nicht, und Dank wohl auch nicht.

Aber nun tritt ein Engel ganz plötzlich und unerwartet in die Welt dieser Männer ein, leibhaft, nach dem Bericht des Lukas: „Und es waren Hirten in derselben Gegend auf dem Felde bei den Hürden, die hüteten des Nachts ihre Herde. Und der Engel des Herrn trat zu ihnen, und die Klarheit

Der Sonnenengel

des Herrn leuchtete um sie; und sie fürchteten sich sehr. Und der Engel sprach zu ihnen: ‚Fürchtet euch nicht! Siehe, ich verkündige euch große Freude, die allem Volk widerfahren wird; denn euch ist heute der Heiland geboren, welcher ist Christus, der Herr, in der Stadt Davids. Und das habt zum Zeichen: ihr werdet finden das Kind in Windeln gewickelt und in einer Krippe liegen.‘ Und alsbald war da bei dem Engel die Menge der himmlischen Heerscharen, die lobten Gott und sprachen: „Ehre sei Gott in der Höhe und Friede auf Erden bei den Menschen seines Wohlgefallens.“ Und als die Engel von ihnen gen Himmel fuhren, sprachen die Hirten untereinander: „Laßt uns nun gehen nach Bethlehem und die Geschichte sehen, die da geschehen ist, die uns der Herr kundgetan hat.“ Und sie kamen eilend und fanden beide, Maria und Josef, dazu das Kind in der Krippe liegen“ (Lukas 2, 8-17).

Das also war die Botschaft, die jene Männer in einer Nachtstunde hörten, nicht zur Diskussion, denn mit den Engeln diskutiert man nicht, sondern als eine unmittelbare Weisung aus göttlichem Geist, mitten hinein in einen armseligen Alltag. Was konnten die Hirten anderes tun als staunen, erschrecken und befremdet zu sein angesichts einer unerhörten Erfahrung? Der Engel hatte sich durch göttlichen Glanz ausgewiesen. Der Himmel hatte sich aufgetan und das Wort war Sprache und Befehl geworden.

Die Hirten waren keine Fachleute der Sternkunde wie damals die Hofastrologen, auch keine Theologen, denen kraft ihres gelehrten prophetischen

Vorwissens die Existenz himmlischer Wesen vertraut war. Der Engel sprach zunächst als Einzelner, dann erst fallen die Engelchöre ein, bestätigend – und die Hirten brauchten Bestätigung. Vielleicht war die Unbedarftheit der Hirten eine gute Voraussetzung, dass sie der Botschaft der Engel ihr Herz nicht versperrten. In blindem Vertrauen gehorchten sie unverzüglich dem Befehl des Engels und brachen auf nach Bethlehem. Kein Wort des Zweifels oder gar der Verweigerung.

Wir gebrauchen heute das Wort „Hirte" nur noch selten. Im damaligen Judentum aber war es jedermann geläufig durch den Mund der Propheten. So ist zum Beispiel der Hirte Kennwort für tröstlichen Zuspruch: „Ich will euch Hirten geben nach meinem Herzen"(Jeremia 3,15).

Im Neuen Testament spricht Jesus von seinem Volk, das in seinen Augen „verschmachtet und zerstreut war wie Schafe, die keinen Hirten haben" (Matthäus 9,16). Er selbst war aber dann der von Gott berufene Hirte als Lehrer, Prophet, Wundertäter und Prediger des kommenden Friedensreiches (Epheser 4,11).

Und wir heute? Wie sähe die Welt aus, wenn sich ihre Machthaber als Hirten der ihnen anvertrauten Völker verstehen würden? Dann wäre unsere Welt des ewigen Streitens ledig, eine große friedliche Völkerfamilie aus allen Rassen, Sprachen und Ländern.

Wer in die Nachfolge Jesu eingetreten ist, der hört seine Hirtenstimme unverwechselbar und mächtiger, ausgerichtet auf das Ziel, das Jesus ansagte: Seine Wiederkunft am Ende der Zeiten. Er selbst ist in seiner Person der Bürge eines kommenden Friedensreiches, wenn der Lauf der Weltgeschichte zum Abschluss und zu seiner Vollendung gekommen sein wird. Wir brauchen heute das feine Ohr, um die ferne Hirtenstimme Jesu von all den Stimmen des Weltlärms zu unterscheiden.

Der Philosoph Martin Heidegger hat den schönen Satz geprägt: „Der Mensch ist der Hirt des Seins".

Der Engel des Kindes

Engel geleiteten Jesu irdische Laufbahn bis zu seiner letzten Stunde. Arm ist er geboren. Da liegt er, nackt, ohne Windeln, kein Stroh in der Krippe. Seine bloße Körperlichkeit verrät nichts davon, dass aus dem Kindlein einmal der König aller Könige, der Herr aller Herren werden könnte, schon gar nicht eine irdische Königsgestalt, wie sie sich Israel damals erträumt hatte. Doch aus dem Kind wurde der Prediger, der Wundertäter, der Prophet, der Lehrer, der Stifter der Nachfolge, und der Sieg über den Satan, der mit der Nähe der Engel endete: Diesen Dienst spricht Christus den Engeln zu, wenn die Stunde des Endgerichts schlagen wird.

Der liebevolle Blick Jesu richtet sich später auch auf die „Kleinen". Es sind nicht nur die kleinen Kinder gemeint, sondern im weitesten Sinn alle Armen, auch die im Geist, wohl auch die sozial Benachteiligten, die man nicht verachten soll. Aber einen eigenen „Kinderengel" darf man aus Jesu Anspruch nicht ableiten. Die Engel freuen sich über reuige Sünder; für den späteren Christus sind sie Teilhaber kosmischer Mächte, durch die Gott die Natur regiert.

Auch die letzten Stunden im Leben Jesu begleiten die verborgenen Engel. Bei seiner Gefangennahme bezeugt er, dass sein Vater ihm Legionen Engel schicken könnte – aber die Schrift muss zuvor erfüllt sein. Und ein letztes Zeugnis: Engel bezeugen den wartenden Frauen am Grab seine leibhaftige Auferstehung.

Das Kind in der Krippe ahnt noch nichts von der baldigen Flucht seiner irdischen Eltern nach Ägypten. Unzählige Male ist die Szene der drei Reisenden gemalt, gezeichnet und geschnitzt worden. Wenn auch der biblische Bericht nichts von einem mitgehenden Engel bezeugt, so ist es doch richtig, wenn er oft mit dargestellt wird. Der mühsame und immer gefährdete lange Reiseweg wäre ohne die behütende Gegenwart der Engel nicht möglich gewesen.

Schutzengel behütet ein Kind

Der Lobgesang der Engel

Wahrscheinlich wäre die Geburt Jesu Christi in der Karawanenunterkunft zu Bethlehem ein völlig anonymes Ereignis geblieben, eine Geburt wie sie millionenmal auf der weiten Erde geschieht, und wäre wohl nie an das Licht der Öffentlichkeit gelangt, wenn nicht über diesem „Stall" der Chor der heiligen Engel aufgeklungen wäre und ihr Schall menschliche Ohren erreicht hätte: „Ehre sei Gott in der Höhe und Friede auf Erden den Menschen seines Wohlgefallens". Da lernen wir, dass der Gesang, der Lobpreis Gottes, der seither durch die Völkerwelt hallt, immer nur ein schwaches Echo dessen sein kann, was zuvor die herrlichen himmlischen Chöre geweckt hatten. Ihr Dienst war immer ein Lobpreis Gottes.

Wir hören die Engel nicht mehr. Aber, so sagen uns die Physiker, es geht ein unaufhörliches feines Summen, Singen und Klingen durch den Kosmos – aber deren Schallwellen können wir Menschen nicht vernehmen. Der Kosmos ist also nicht stumm.

Die Bibel bezeugt uns, dass derselbe Gott immer wieder einmal einzelnen Menschen das Ohr geöffnet habe, himmlische Stimmen zu hören, so besonders wirklich geworden bei dem Seher Johannes auf Patmos, der uns seine „Offenbarung" überliefert hat. Wenn dem so ist, dann sind wir nicht nur berechtigt, sondern auch verpflichtet, dem Chor der Engel zu antworten, und sei es nur durch unsere Weihnachtschoräle oder die schlichten Volkslieder, die uns unsere frommen Vorfahren verfasst haben. Daher hat auch das weltweite Volkslied „Stille Nacht, Heilige Nacht“ ein bleibendes Recht in unseren Gottesdiensten. Der Seher Johannes hat diesen Lobpreis aus Engelsmund gehört und für uns nachgeschrieben:

„Herr, du bist würdig, zu nehmen Preis und Ehre und Kraft, denn du hast alle Dinge geschaffen... Durch deinen Willen sind wir und wurden geschaffen“ (Offenbarung 4,11).

Wenn schon dem Schöpfer der Welt und des Kosmos dieses Rühmen der Engel gilt, dann viel mehr dem Gott, der in Christus war, der zu uns herabkam, um uns zu retten. Retten? Wann, wie und warum? Weil diese Welt und in ihr jeder Einzelne vor Gott schuldig geworden, mitschuldig durch das Übermaß der Sünden und selbstverschuldeter Kriege und Katastrophen. Darum sangen die Engel. Sie wissen von der unbegreiflichen Gnade, dass Gott in diese von allen Sünden überwucherte Erde eingegangen ist, eben in der Gestalt des Kindes in Bethlehem. Und dass eben dieses Kind der Erlöser werden sollte. Leider bleibt auch nach dem Mysterium der Christgeburt unsere Erde blutgetränkt, bleibt eine Menschheit, die Christus vergisst, eine Menschheit, in der sich gegen den Augenschein nichts geändert hat. Es scheint, dass der Gegenspieler Jesu, der Satan, der nahenden Endzeit immer mehr Terrain gewinnt. Wer die Hintergründe des heutigen Weltgeschehens erspürt, weiß, dass eine in völligem Frieden mit sich und mit Gott versöhnte Welt niemals aus unseren eigenen Kräften kommen kann. Gott beugte sich zu uns herab und sandte den Erlöser, dem er die Vollmacht der Weltvollendung übertragen wird.

Musizierender Engel

Bleibt jetzt unser Mund stumm, weil wir einsehen, dass wir unwürdig sind, in den Lobpreis Gottes einzustimmen, weil wir unwürdig sind, dass die Geburt Christi unter uns einmal geschah? Nein, wir dürfen mit unserer brüchigen Stimme und mit unserem unreinen Mund das volle Gotteslob der Engelschöre heute wiederholen, denn die Versöhnung durch Christus ist auf Golgatha vollendet worden. Uns bleibt nur, sie anzunehmen. Das ist die Quelle alles weihnachtlichen Singens und Betens.

Die Magier aus dem Morgenland

Die großen Meister der christlichen Kunst haben immer wieder die rührende Szene gemalt: Drei Könige knien an der Krippe Jesu nieder und bieten ihre kostbaren Geschenke dem Knäblein an. Sie reichen ihm Myrrhe dar. Das war damals ein köstlich duftendes Strauchgewächs, selten, nicht jedermann zugänglich. Und erst recht das Gold, das ebenfalls nicht jeder besaß. Im Mittelalter gab man den Dreien sogar Namen: Caspar, Melchior und Balthasar. In Stallungen und an den Haustüren mancher Dörfer findet man noch heute mit Kreide, jedes Jahr neu, die drei Buchstaben C M B angeschrieben. Die „Heiligen" drei Könige wurden als geheime Schutzmacht

angesehen und gerufen. Das Königtum der Drei ist allerdings sehr fraglich. Die Erzählung, die wir bei dem Evangelisten Matthäus im 2. Kapitel nachlesen, trägt geradezu dichterische Züge, aber sie verrät nichts von Königen. Es waren sicherlich anatolische Magier, die sternkundig aus dem fernen Osten herbeieilten. Seinerzeit haben babylonische Astrologen einen großmächtigen Weltenkönig erwartet, der nicht nur für Israel ein goldenes Zeitalter heraufführen sollte. Eine bestimmte Sternenkonstellation hatte sie auf das Kommen dieses außerordentlichen Königs aufmerksam gemacht. Diese Konstellation erschien den drei Sterndeutern so bedeutsam, dass sie sich auf den beschwerlichen Weg nach Bethlehem wagten, bis jener Stern über der Karawanenunterkunft stillstand.
Es ist immer wieder eindrucksvoll nachzulesen, wie dann die Drei zu Herodes kommen. Er lässt nach diesem Gespräch seine gelehrten Hofastrologen kommen, um sich mit ihnen zu beraten. Es mag wohl der Wahrheit entsprechen, dass der alternde Herodes Furcht vor einem künftigen König empfand, ein „Messias" hat ihm die letzten Lebensjahre verdüstert. Er selbst konnte keinesfalls ein Idol jener Erwartung eines übermenschlichen Königs sein.

Den drei Magiern allerdings, nachdem sie dem Kind Gold, Weihrauch und Myrrhe geschenkt hatten, befahl Gott im Traum, nicht wieder zu Herodes zurückzukehren; sie zogen auf einem anderen Weg wieder in ihr Land.

Vermutlich war es ein Engel des Herrn, der ihnen die Botschaft übermittelt hat.

Flucht nach Ägypten

Das Lied des Engels zur Weihnacht

Als in der Mitte der Nacht die Sterne stärker zu strahlen begannen, der Mond sein geliehenes Licht mit einer großzügigen Geste über die Wolken und auf die weiten und dunklen Felder und Berge warf, und die Luft zu singen begann und aus der Ferne Töne zu vernehmen waren, hoben die Sterne an, im Reigen um den einen auserwählten Stern, der wie ein Diamant strahlte, zu tanzen. Der Wind schwieg zitternd, und die Tiere und Pflanzen erhoben sich in der Erwartung eines ungewöhnlichen Ereignisses.

Als in der Mitte der Nacht der Himmel sich öffnete und das Licht sich blendend weiß über die kleine Welt der Hirten und ihrer Schafe ergoss, erschienen die Engel in großer Zahl mit ihren flügelleichten Gewändern. Und es blieb die Zeit für einen Augenblick stehen. In den Gesang der Engel in großer Zahl stimmten die Täler und Berge, Wälder und Flüsse, Tiere und Bäume, Pflanzen, ja auch die Rose mit ihren Dornen ein.

Und es erschien der große und gewaltige Engel mit den weit ausgebreiteten Schwingen und dem wehenden Sternenwindmantel. Mit der Stimme gleich einer Posaune sprach er die Worte der Zusage und Weisung. Alle verstummten und hörten die Worte des großen Engels mit den Schwingen aus Licht:

„Gepriesen sei der Allmächtige und Ewige, der Gott, der Himmel und Erde geschaffen inmitten des unendlichen Kosmos, galaxienweit im unermesslichen Raum und in Lichtjahren zwischen Ewigkeit und Ewigkeit. Gepriesen sei der Allmächtige und der Ewige, der Gott, der die Winde aus Nord und aus Süd, aus Ost und aus West zu seinen Boten macht und mit dem Feuer die Sterne entzündet und sich in der Glut der Sonne verbirgt. Gepriesen sei der, der den Regenbogen in die Wolken setzte und die Geschlechter der Erde lenkt. Er, dessen Ratschluss unumstößlich ist, wenn es um das Wohl der Menschen geht. Er gebot, das Tor des Himmels zu öffnen, und seine Boten mit den lichtdurchflutenden Gewändern trugen das Licht auf die Erde.

In dieser Nacht hat der Allmächtige und Ewige, der Gott der Welten und Ewigkeiten, in dieser Nacht hat er, gepriesen sei er, sich zur Erde herabgeneigt, dort in einem Stall in Bethlehem, der auserwählten Stadt Davids, am unwirtlichen Ort. Inmitten von Menschen, zwischen Ochs und Esel, Schafen und Hunden, ist er Mensch geworden. Seht, ihr Hirten, den Ort des Geheimnisses, an dem das Kind im Schoß seiner Mutter liegt, schlafend und behütet von den tausend Engeln des Herrn. Seht, ihr Hirten, und eilt an den Ort des himmlischen Wunders. Lasst euch nicht aufhalten, denn alles Böse dieser Welt hat in dieser einen Nacht keine Macht mehr. Vom Himmel auf die Erde kommt die Liebe des Vaters zu seinen Kindern. Im Kind erscheint der Sohn, Jesus Christus, Messias und Menschenbruder. Seht, wie inmitten des gewaltigen Lichts gleich einer Feuerflamme der Geist lodert und brennt. Der Geist, der die Herzen aller bezwingt. Der Geist, der so zärtlich ist wie eine Mutter, die sich zu ihrem Kinde neigt. Der Geist weht wie ein

Wind und zehrt wie ein brennendes Feuer im Herzen der Geliebten und liegt wie ein Brandmal auf unserer Haut.

Höret, ihr Hirten, meine Stimme und vernehmt meine Worte, die mir der Allmächtige und Ewige, der Herr aller Zeiten, in den Mund gelegt hat. Stimmt ein in den himmlischen Gesang der unendlichen Liebe, die sich wie eine Rose an euer Herz legt, die wie Regen die dürren Felder tränkt und eure ängstlichen Herzen wieder zum Blühen bringt."

Und die Natur erwachte inmitten der Nacht durch die gewaltige Stimme des großen Engels. Die Tiere erhoben sich und standen schweigend im Licht. Die Hirten fanden den Weg und auf ihren Gesichtern lag der Widerschein des himmlischen Lichts. Ihr Herz war erfüllt von dem Gesang und dem Geheimnis dieser Nacht. Und als sie das Kind fanden, sanken sie nieder.

Segenswünsche des Engels der Erwartung

Und Gott rief aus der Schar der Engel einen, dessen Augen auf das Kommende gerichtet waren. Gott der Herr gab ihm den Segen, dass er ihn allen bringe, die in Erwartung des Neuen stehen.

Als der Engel die Menge der Sehnsüchtigen sah, die ihre leeren Hände zum Himmel streckten und dem Licht entgegenliefen, das aus dem Osten aufschien, da wurde sein Herz weit und er hob die Hände zum Segensgruß.

Engel mit Herz

Zu allen, die ihn erwartungsvoll anblickten, sprach er:

„Gott, der Herr der Vergangenheit und Gegenwart, und seine große Kraft der Zukunft wird in eure Dunkelheit ein helles Licht scheinen lassen. Es wird eure Herzen erwärmen, euren Geist erleuchten und eure Augen zum Glänzen bringen. Denn der Herr hat eure dunklen Nächte und schwarzen Tage gesehen. Er wird bei seiner Wiederkehr die Mächte des Bösen besiegen und mit der Kraft der Liebe alles zum Guten verwandeln.

Möge Christus, der Sohn der Höchsten und euer Menschenbruder, unter euch sein bei Brot und Wein, mit seinem Wort und Geist.

Möge euch die Spannkraft der Hoffnung auf das Zukünftige des Reiches Gottes erhalten bleiben. Ihr sollt wissen, dass Christus euer Herr ist und wiederkommen wird, wenn die Nächte und Tage nicht mehr sind.

Möge Christus euer Herz bereit finden, damit es seine Stimme der Klarheit und Wahrheit hört. Möget ihr das Herz aller Dinge, die Liebe Gottes zu den Menschen, erkennen und diese Liebe mit anderen teilen. Erkennt, dass der Herr euch immer nahe ist und er mit dem Lied des Himmels alles verwandeln will.

So möge sich der Segen des Himmels auf eure Herzen legen wie der Tau auf die Gräser."

Segenswünsche des Engels zur Geburt des Kindes

Und Gott rief aus der Schar der Engel einen, der mit einem leuchtenden Gewand, mit den Augen der Vorsicht und mit Flügeln, die zärtlich behüten, ausgestattet war. Und Gott gab ihm den Segen mit auf den Weg zur Erde.

Und der Engel stand bei dem neugebornen Kind und sprach:

„Der Segen des Himmels sei mit dir! Sohn des Höchsten wirst du genannt und dein Leben wird nach dem Willen des Vaters seinen Lauf nehmen. Möge in dieser Nacht, in der du geboren bist, die Nacht aller guten Nächte werden.

Mögest du am Morgen erwachen und das Lächeln im Gesicht deiner Mutter sehen und ihre Worte der Liebe hören. Möge dieses Lächeln deiner Mutter Maria auf den Gesichtern aller Mütter wieder erscheinen, die ihr Kind mit unendlicher Liebe betrachten.

Möge dir selbst der erste Morgen mit dem anbrechenden Licht des Tages zum Neubeginn werden. Und möge schon heute deine einfache Krippe für alle Neugeborenen zum Zeichen der göttlichen Fürsorge werden. Auch wenn du auf Rosen gebettet wärest, so müsstest du dennoch eines Tages die Dornen spüren.

Möge der allmächtige Gott, der Schöpfer des Himmels und der Erde, dir das Geheimnis der Liebe anvertrauen. Du wirst sie wie eine Rose den Menschen bringen.

Der betende Engel

Ich, einer der vielen Engel, die Gott in die Welt gesandt hat, um dich zu behüten, werde mit dir sein und das Wunder des göttlichen Kindes weitersagen. Segen sei über dir und Segen gehe von dir aus über die Erde und über alle Menschen, die die Zeichen deiner Geburt erkennen."

Segenswünsche des Engels der Kinder

Und Gott rief aus der Schar der Engel einen, der die Farben der Regenbogenkinder auf seinen Flügeln trug. Dieser war dazu berufen, alle Kinder Gottes, die großen wie die kleinen, auf ihren Wegen durch die Zeit zu begleiten. Und Gott gab ihm den Segen, damit er diesen den Kindern der Erde bringe. Als der Engel die vielen Kinder sah, sprach er:

„Der Segen des Himmels sei mit euch. Möget ihr Kinder der Liebe sein, die der Quelle des Himmels entspringt. Ihr seid umhüllt im Mutterleib und werdet unter Schmerzen geboren.

Möge euch das Licht dieser Welt nicht erschrecken und blenden; sondern mögen die Strahlen der Sonne euch wärmen, die Winde euch kühlen, der Regen euch erfrischen und die Wolken euch Schatten spenden.

Mögen euch Menschen umgeben, die es gut mit euch meinen, die euch ernähren und mit Liebe umfangen.
Kriege, Hunger und Not mögen nicht über euch kommen. Mögen die Erwachsenen mit Vernunft und Ver-

Rettender Engel

stand, mit dem Geist der Versöhnung und der Verantwortung für Gottes wunderbare Schöpfung euer Leben erhalten.

Jedem von euch hat Gott eine Gabe gegeben. Sie zu entfalten soll euch gelingen. Aber alles, was ihr lernt und tut, möge euch und anderen Glück bringen. Nicht das Gück, das ihr auf Kosten anderer an euch reißen wollt, sondern das Glück, das aus der Zuneigung zum anderen geboren wird.

Möget ihr immer daran denken, dass ihr Kinder unter Gottes Regenbogen seid, bunt und vielfarbig. Und der Regenbogen möge über euch sein als ein Zeichen, dass ihr Gottes geliebte Kinder seid!“

Segenswünsche des Engels der Mütter

Und Gott rief aus der Schar der Engel einen, dessen Flügel wie wehende Gewänder gefaltet waren. Gott, der Herr, gab ihm den Segen, dass er ihn den Müttern bringe.

Als der Engel die Mütter sah, die in Freude und Sorge um ihre geliebten Kinder waren, ergriff ihn ein tiefes Gefühl und mit der Stimme des Liebenden sprach er zu den Müttern der Kinder:

„Gott, väterlicher und mütterlicher Urgrund alles Geschaffenen, hat mich, den Engel mit dem weiten Herzen und den Flügeln aus wehenden Gewändern beauftragt, euch den Segen des Himmels zu bringen:

Fröhlicher Engel

Möge euch Gott segnen, die ihr Leben schenkt und erhaltet. Ihr Mütter habt Anteil an dem Geheimnis des Lebens, das inmitten von Leben leben will. Gott hat euch vornehmlich die wunderbare Gabe der Zuneigung und Behutsamkeit gegeben.

Möge eure Liebe zu den Kindern so stark sein, dass sie den Kindern Himmel und Erde schenkt. Möge das Leid nicht über euch kommen, wenn Leben zerstört wird und Kinder leiden müssen. Selbst in eurem Schmerz wird eure Liebe noch so stark sein, dass sie euch trägt.

Ach ihr Mütter, es könnte mir das Herz brechen, wenn ich eure Tränen sehe und eure schlaflosen Nächte voller Angst. Möge doch der Segen des Herrn so stark sein, dass er euch vor und in allem bewahrt.

Mögen die Schutzengel eurer Kinder immer wachsam sein und ihre Hände schützend über sie halten. Möget ihr und eure Kinder immer unter dem Schatten des Allmächtigen Zuflucht finden. Erzieht eure Kinder in Liebe und Geduld, in Strenge und Güte. Und ich werde mich bemühen, auch die Väter dafür zu gewinnen

So bringe ich euch den Segen des Himmels, damit euer und das Leben eurer Kinder gelinge. Gott behüte euch am Tage und in der Nacht, am Abend und am Morgen und auf allen Wegen, die ihr mit euren Kindern geht."

Segenswünsche des Engels der Väter

Und Gott rief aus der Schar der Engel einen, dessen Flügel groß und stark waren. Gott, der Herr, gab dem Engel den Segen, damit er diesen den Vätern bringe. Als der Engel die Väter sah, die sich oft so schwer tun mit ihrer Liebe und Verantwortung den Kindern gegenüber, hob er die Hände mit der Geste des Segnens und sprach:

„Gott des Himmels und der Erde, Schöpfer des Alls und dieser kleinen Erde, hat mir, dem Engel mit dem mütterlichen Geist und den starken Flügeln, aufgetragen, euch den Segen zu bringen. Er wird euer Denken und Fühlen, euer Reden und Handeln mit dem Geist der Liebe und der Sanftmut, dem Geist der Geduld und Besonnenheit beseelen.

Möget ihr widerstehen lernen dem Wahn der Kraft und Gewalt, der Unterdrückung und der Maßlosigkeit, dem Drang, Kriege anzuzetteln. Ihr sollt nicht mehr Leid und Tränen über eure Frauen und Kinder bringen. Hört nicht auf die Stimme, die euch einredet, dass ihr das starke Geschlecht seid. Ihr seid oft sehr schwach. Und um diese Schwäche zu verbergen, flüchtet ihr euch in die rohe Gewalt. Darum will ich bei euch sein und ich werde euch Einhalt gebieten, wenn ihr euch nicht an die Weisungen Gottes haltet. Denn was ihr seid, wisst ihr nicht mehr, und eure Gefühle sind oft vereist.

Ich will euer Herz mit dem Licht der Sonne erwärmen, damit eure Gefühle wieder auftauen. Der Segen Gottes wird euch verwandeln wie ein Regen nach großer Dürre die Erde wieder feucht und weich macht. Möge Gott mich oft zu euch senden, wie er es einst bei den Vätern des Glaubens getan hat. Wir Engel hatten schon immer viel Arbeit mit euch. Ich allein werde es wohl auch nicht immer schaffen. Möge mir Gott dabei helfen.

Ihr Väter zeigt euer wahres Gesicht, wenn ihr ein neugeborenes Kind auf euren Armen tragt. Das kleine Gesicht und das zarte Lächeln eines Kindes können euer Herz verwandeln. Mögen euch diese Gefühle und diese Liebe immer begleiten, bei allem, was ihr redet und tut.

Gott lässt euch durch mich den Segen bringen, einen Segen, der euer ganzes Leben umfassen und umhüllen will. Und eure Liebe zu euren Kindern wird niemals enden."

Segenswünsche des Engels zum Frieden

Und Gott rief aus der Schar der Engel einen, dessen Flügel denen einer Taube glichen und dessen Gewand hell und weiß leuchtete. Gott gab ihm den Segen, damit er ihn allen bringe, die in ihrem Herzen die Sehnsucht nach Frieden bewahren. Als der Engel die vielen Menschen sah, die auf Frieden der Herzen und der Menschen untereinander warteten, sprach er zu ihnen:

„Gott, der Herr des Himmels und der Erde, der ein Gott des Friedens ist, segne euch mit dem Segensgruß und mit Worten, die euer Herz berühren und euren Verstand erleuchten. Er sieht, was des Menschen Herz Böses sinnt und welch dunkle Gedanken das Leben zerstören. Er sieht, wozu ihr fähig seid, wenn ihr euch von ihm lossagt, euren eigenen Vorstellungen von Leben nachjagt und euer Herz aus Gier nach Reichtum und Macht hart geworden ist.

Er, der Herr, sieht die Tränen und die Not, die ihr mit Kriegen und sinnlosem Hass untereinander auslöst. Schmerzen, Tränen und Geschrei kommen über Millionen Unschuldiger, vor allem unschuldiger Kinder. Es ist der größte Schmerz Gottes, wenn er sieht, wie ihr seinen Kindern Leid antut.

Ich, der Engel, der euch Frieden ins Herz tragen soll, stehe oft mit gebrochenen Flügeln in dieser Welt. Aber ich werde nicht verstummen, sondern Christus bitten, er möge eure harten Herzen mit dem Geist seiner Liebe überwinden.

So trage ich wie eine Taube den Ölzweig und wünsche euch allen den Segen des Herrn. Öffnet eure Herzen und Hände, lasst das Gute siegen und eure Worte mögen Frieden bringen und eure Hände sich für den Segen des Herrn auftun. Und möget ihr diesen Frieden in die Häuser und Herzen der Menschen tragen."

Erzengel Michael und der Teufel

Segenswünsche des Engels der Stille

„Der Segen des Himmels sei mit euch!

Gott hat mich zum Engel der Stille berufen. Ich werde euch zeigen, dass die Stille der Urgrund alles Geschaffenen und für alles Leben ist. Im Anfang war das Schweigen Gottes, und aus dem Schweigen kam das Wort, das Gott sprach: Es werde Licht! Gott war Wort, und so brach er sein Schweigen, um den Menschen den Atem des Lebens zu geben. Und mit diesem Wort gab er ihm auch das Schweigen.

Möge euch das Schweigen inmitten aller Stimmen und aller Wirrnisse eurer Gedanken und Worte dabei helfen, die Nähe Gottes zu erfahren und auch euch selbst zu erkennen.

Kommt in das Haus des Schweigens, damit eure Seele Ruhe findet und ihr den leisen Atem Gottes spürt. Ihr werdet sehen, dass es Dinge zwischen Himmel und Erde, zwischen Gott und Menschen gibt, die nur in der Stille und im Schweigen zu erkennen sind.

So möge aus der Stille und dem Schweigen neue Kraft für eure Seele wachsen; denn an den Orten und in den Zeiten des Schweigens will Gott euch segnen.“

Der Engel der Stille

Segenswünsche des Engels der Erinnerung

Und Gott rief aus der Schar der Engel einen, dessen Gewand die Farben der Erinnerung trug: Schwarz für das Böse und Weiß für das Gute und das Blau als Zeichen des Himmels. Gott gab ihm den Segen, damit er ihn denen bringe, die in Erinnerung halten, was ihnen Gutes widerfahren ist. Und der Engel erhob sich und sah die Menschen mit ihren vielen Erinnerungen und sprach:

„Der Herr des Himmels und der Erde, der allmächtige und der ewige Gott misst euch Vergangenheit, Gegenwart und Zukunft zu. Möget ihr in Erinnerung halten, was in den Jahren euer Leben reich und schön gemacht hat. Aber auch das, was ihr versäumt und schlecht gemacht habt. Wege zum Ziel, aber auch Wege in die Irre seid ihr gegangen. Manchmal hat euch die Erfahrung gelehrt, den richtigen Weg zu gehen. Oft aber ist euer Verstand leer geblieben und ihr habt nicht begriffen, was der Herr euch zeigen wollte. Und dennoch ist der Herr mit seiner Gnade nicht von euch gewichen.

Mögen euch heute und an jedem neuen Tag die Erinnerungen nicht gefangen nehmen. Das Gute möge euch ermutigen, das Schlechte zur Wachsamkeit führen. Tragt diese Erinnerungen als Zeichen Gottes bei euch. Möget ihr alles Schwere der vergangenen Jahre auch als Zeichen der Begrenzung all eurer Gedanken und Pläne sehen. Denn das Wunder, das euch widerfährt, ist die Weite, in die euch Gott führt.

Schlafende Engel

Ich, der Engel der Erinnerung, werde euch nicht verlassen. Und wenn ihr meine Stimme hört, verschließt nicht eure Ohren und verstockt nicht eure Herzen. Eure Seele soll nicht vergessen, was der Herr euch Gutes getan hat. Ich werde darauf achten, dass dieses nicht in Vergessenheit gerät.

Möget ihr also an all das denken, wenn ihr gegenwärtig euer Leben sucht und den Blick auf das Zukünftige lenkt.
Der Segen des Himmels und der Segen des auferstandenen und über alles herrschenden Christus und der Segen des Geistes, der euch erleuchtet und verwandelt für ein Leben bei Gott, sei mit euch!"

Segenswünsche des Engels an der Pforte zum neuen Jahr

Und Gott rief aus der Schar der Engel einen, der seine Schwingen wie einen Torbogen geformt hatte. Er trug die Farben der Zukunft, jenes Blau der Sehnsucht, das auf Himmel und Erde wies. Gott gab ihm den Segen, damit er ihn allen bringe, die die Schwelle zum neuen Jahr überschreiten. Und der Engel stellte sich an die Pforte und sah in die Gesichter der Menschen. Er hob sein Gesicht mit den großen Augen und sprach zu den Menschen:

„Er, der allmächtige Gott, Schöpfer des Himmels und der Erde, er sieht in euer Herz und kennt eure Sehnsüchte und Erwartungen. Legt nun getrost ab, was euch im alten Jahr beschwert und

Schutzengel

bedrückt hat. Möge es nun die Zeit sein, wo euer Herz wieder frei und leicht wird, damit ihr den Segen des Herrn empfangen könnt. Öffnet eure verkrampften Hände und streckt sie Gott entgegen. Möge er euch das geben, was ihr für euer Leben braucht. Und ihr werdet erfahren, wie reich er euch beschenkt hat,

Und der Segen des Herrn wird euch ermutigen und eure Gedanken frei machen von allen dunklen Schatten. Möge dann euer Blick hell und klar werden unter dem blauen Himmel.

Ich, der Engel, den Gott euch an die Pforte gestellt hat, werde eure Lasten nehmen und euch mit dem Segen auf die Reise schicken. Ich muss hier stehen bleiben, aber ein anderer wird mit euch gehen. Es ist Christus, der bei euch sein wird bis ans Ende der Welt. Er wird euch trösten, wenn ihr niedergeschlagen seid, und aufrichten, wenn ihr gefallen seid.

Ich, der Engel an der Pforte, wünsche euch den Segen im Namen des Vaters, des Sohnes und des Heiligen Geistes. Ich zeige euch den Weg durch die Pforte und den Weg, den ihr gehen sollt. Christus möge euch segnen bei Brot und Wein, durch seine Worte und mit seiner Liebe. Möge euch diese Liebe stark machen, wenn ihr schwach werdet. Eine Liebe, die euch glauben und hoffen lässt wider alle Resignation.

So segne euch Gott auf eurem Weg durch die Zeit.“

Segenswünsche des Engels durch die Zeit

Und Gott rief aus der Schar der Engel einen, der die Farben der vier Jahreszeiten auf seinen Flügeln trug. Das Grün des Frühlings, das Rot des Sommers, das Gelb des Herbstes und das Weiß des Winters. Gott gab ihm den Segen, damit er ihn allen Menschen bringe für ihren Weg durch die Zeit. Als der Engel die vielen Menschen sah, zu denen er gehen sollte, sprach er:

„Der Herr des Himmels und der Erde sendet mich, euch zu segnen. Ihr Menschenkinder werdet geboren und müsst nach der euch gesetzten Frist sterben. Anfang und Ende eurer Zeit liegen in des Allmächtigen Willen. Für die Zeit auf Erden gab euch der Herr den Garten des Lebens. Ihr sollt ihn pflegen und hegen, bewahren und erhalten. Ihr seid verantwortlich Gott gegenüber und allen, die mit euch in diesem Garten wohnen.

Möget ihr in Frieden miteinander leben, damit sich auch das Leben des anderen entfalten kann. Das ist Gottes Wille! Mögen darum eure Gedanken das Gute suchen, und die Liebe möge eure Herzen erfüllen, Wahrheit und Gerechtigkeit sollen die schönsten Blumen in eurem Garten sein.

Bedenkt, dass alles seine Zeit hat. Ihr seid Kinder der Schöpfung und der guten Erde. Ihr lebt im Wechsel der Jahreszeiten – und alles unter dem Himmel hat seine Stunde. Möget ihr darum erkennen, dass jede Zeit ihre eigenen Geheimnisse und Schönheiten in sich trägt. Ihr müsst sie nur entdecken. Frühling, Sommer, Herbst

Moderner Engel

und Winter liegen in euch wie Samenkörner. Und immer, wenn die Sonne ihren Lauf nimmt, werden in euch die Zeiten wachsen und blühen. Denn Gott hat alles fein in euer Herz gelegt – auch den Keim, der die Blume der Ewigkeit trägt. Alles hat seine Zeit.

Mögen die Zeiten, wo die Sonne ihren Schein verliert, der Himmel voller Wolken ist und euer Herz weint, Zeiten sein, in denen ihr erfahrt, dass Gott dennoch anwesend ist. Nicht leicht zu ertragen sind die unbegreiflichen Einbrüche und Krankheiten. Doch der Herr bestimmt alles. Möget ihr darum des Herren Willen erkennen und annehmen.

Gott wird euch Wege führen, deren Ziel ihr oft nicht kennt; denn es gehört zu den Geheimnissen des Lebens, dass ihr nicht alles selbst machen und bestimmen könnt. Möget ihr darum auf die Stimmen hören, die euch die Wege Gottes sagen.

Werdet ihr gefragt, was denn Leben eigentlich sei, dann lasst euch nicht verwirren von den tausend Meinungen und Ratschlägen der Weisen und Klugen der Zeit. Gott hat alles einfach geschaffen: Er liebt euch und ihr liebt ihn. Er hat euch, den Garten gegeben und ihr dürft ihn bewohnen. Und in Jesus Christus hat er euch sagen lassen: Die Liebe zu Gott und zum Nächsten ist das höchste Gebot.

Der allmächtige und dreieinige Gott segne euch mit dem Segen zum Leben und zur Ewigkeit."

Segenswünsche des Engels mit der Geige

„Der Segen des Himmels sei mit euch!

Gott hat mich zum Engel der Musik berufen. Ich halte die Geige symbolisch für alle Instrumente auf der weiten Welt, mit denen die Menschen Töne und Klänge erzeugen. Musik ist ein Geschenk Gottes und kann ein dunkles Gemüt wieder heiter stimmen.

Möge der Klang der himmlischen Töne alle Missklänge dieser Welt übertönen. Darum hat Gott ein großes Engelsorchester, das die göttliche Liturgie anstimmt. Mögen eure Gesänge und Lieder zu seiner Ehre gesungen werden. In der Musik wohnt etwas, was ihr mit Worten nicht ausdrücken könnt. Vielleicht gelingt es noch den Malern, mit ihrer Farbe die Geheimnisse des Lebens anzudeuten.

Möge die Musik alte und junge, kranke und gesunde, reiche und arme Menschen in der Freude am Leben einbinden. Ein heiteres Gemüt ist wie ein fröhlicher Tanz und ein getrostes Herz ist voll von schönen Melodien. Was nützen euch Reichtum und Macht, wenn nicht die Heiterkeit und Leichtigkeit einer Melodie in euch klingt?

Möge euer Ohr immer schöne Klänge hören und euer Auge Freude an den musizierenden Menschen finden. Und Gott segne den Klang der Geige und der Flöte, der Trompete und der Posaune, und den aller Instrumente. Vor allem aber segne er eure Stimmen, die sich zum Gesang in den Himmel erheben."

Der Engel mit der Geige

Segenswünsche des Engels mit der Blume

„Der Segen des Himmels sei mit euch!

Gott hat mich zum Engel der Blumen berufen. Ich will euch zeigen, dass die Blume in ihrer vielfältigen Blütenpracht eines der schönsten Zeichen der Schöpfung ist. Und die schönste unter ihren Schwestern ist die Rose. Sie trägt das Geheimnis der Schönheit und Reinheit in sich. Sie fragt nicht, warum sie blüht. Sie blüht.

Möge euch das Rot der Blüte und der Duft der Rosenblätter verzaubern. Möge aber auch euer Auge die Dornen nicht übersehen. Die Rose ist das Symbol für Liebe und Zuneigung und für das Rot des Blutes, das in euren Adern fließt.

Nehmt die Rose und schenkt sie einem Menschen, der traurig und einsam ist. Haltet sie ihm hin und er wird dankbar sein.

So mögen alle Blumen euer Herz erfreuen, denn sie hat Gott mit dem Überfluss seiner Farben gestaltet. Ihr werdet staunen, wenn ihr das Farbenmeer von Mohn und Lavendel, von Rosenbeeten und Margeriten, von Lilien und Tulpen erblickt. Und den Strauß von bunten Blumen, den ich, der Engel der Blumen, euch überreiche, leuchtet in allen Farben.

So wird Gott euch und seine schönen Blumen segnen."

Der Engel mit der Blume

Segenswünsche des Engels mit dem Herzen

„Der Segen des Himmels sei mit euch!

Gott hat mich zum Engel des Herzens berufen. Ich trage es für euch alle in meinen Händen. Es ist das Herz aller Dinge, denn ihr wisst, man sieht nur mit dem Herzen gut. Ich werde euch immer wieder daran erinnern, dass Gott euch ein Herz gegeben hat; nicht aus Stein, sondern aus Fleisch und Blut.

Möge in eurer Brust immer ein Herz schlagen, das liebt und gütig ist, tapfer und unverzagt, geduldig und verständig. Bedenkt, dass ihr euch untereinander nur dann versteht, wenn ihr euer Herz sprechen lasst. Werdet nicht hart und lieblos, gierig und geizig, zornig und böse. Gott will euer Herz davor bewahren.

Vergesst nicht, wie unergründlich und tief des Menschen Herz ist. Gesegnet aber ist der Mann, dessen Herz dem Herrn zugeneigt ist. Gesegnet ist die Frau, deren Herz die Liebe Gottes empfängt. Gesegnet sind die Kinder, deren Herz noch rein ist, denn in ihnen liegt noch die göttliche Gnade."

Engel mit Herz

Bildnachweise:

S. 7, **Der gefundene Engel,** Hans Jürgen Rau, Deutschland, Holz, 18 cm · S. 9, **Paradiesszene mit Gott/Vater und zwei Engeln mit einem Korb Äpfel,** Adam Wydra, Polen, Holz bemalt, 70 cm · S. 12, **Erzengel Michael, Vertreibung aus dem Paradies,** unbekannter Künstler, Polen, Holz bemalt, 46 cm · S. 15, **Engel an der Weihnachtskrippe,** unbekannter Künstler, Polen, Holz bemalt, 28 cm · S. 18, **Der Sonnenengel,** Jan Skoczylas, Polen, Holz bemalt, 49 cm · S. 23, **Schutzengel behütet ein Kind,** Eugeniusz Zegadlo, Polen, Hinterglasmalerei, 45 cm · S. 26, **Musizierender Engel,** unbekannter Künstler, Peru, Ton bemalt und gebrannt, 28 cm · S. 29, **Flucht nach Ägypten,** Eugeniusz Zegadlo, Polen, Holz bemalt, 48 cm · S. 33, **Engel mit Herz,** Martha Fairfield, USA, Kalifornien, Holz mit rostigen Metallflügeln, 30 cm · S. 36, **Der betende Engel,** Jan Staszakt, Polen, Holz geschwärzt, 67 cm · S. 38, **Rettender Engel,** unbekannter Künstler, Polen, Holz bemalt, 32 cm · S. 40, **Fröhlicher Engel,** Calmena, Costa Rica, Baumblatt, 16 cm · S. 45, **Erzengel Michael und der Teufel,** unbekannter Künstler, Guatemala, Balsaholz bemalt, 39 cm · S. 47, **Der Engel der Stille,** Jan Skoczylas, Polen, Holz bemalt, 55 cm · S. 49, **Schlafende Engel,** unbekannter Künstler, Peru, Ton gebrannt, 13 cm · S. 51, **Schutzengel,** Jozef Orlecki, Polen, Holz bemalt, 19 cm · S. 54, **Moderner Engel,** Hans Jürgen Rau, Deutschland, Rostige Fundstücke, 24 cm · S. 57, **Der Engel mit der Geige,** Eugeniusz Zegadlo, Polen, Holz bemalt, 53 cm · S. 59, **Der Engel mit der Blume,** Adam Zegadlo, Polen, Holz bemalt, 55 cm · S. 61, **Engel mit Herz,** Martha Fairfield, USA, Kalifornien, Holz bemalt, verrostete Metallflügel, 36 cm

Inhalt